Dur, dur, d'être un grand frère

Titre original :
Jonathan's Amazing Adventure

Loi n° 49-956 du 16 juillet 1949
sur les publications destinées à la jeunesse

ISBN 2-266-08656-1

Imprimé en France par Pollina - 85400 Luçon - n° 78732

Dépôt légal : janvier 1994

Erica Frost

Dur, dur, d'être un grand frère

Traduit de l'américain
par Josette Gontier

Illustrations de Susan Hall

POCKET
jeunesse

Bears

Jonathan
était en colère.
Il en voulait à sa maman.
Il en voulait à son papa. Il en voulait à sa petite sœur Marie, et il trouvait son chien Basile complètement idiot.

Et, surtout, il se disait que personne ne l'aimait. Ni Maman, ni Papa, ni Marie...
Même pas Basile.

Jonathan essuya une larme.
A six ans, on n'est plus
un bébé !

Le bébé, c'est Marie.
Elle pleure tout le temps.
Lorsque Jonathan lui dit :
« Touche pas, Marie,
c'est à moi ! »,
elle pousse des hurlements
et vous casse les oreilles.

Ce matin, elle a pris
le beau planeur tout neuf
de Jonathan.

Il a bien essayé
de le lui reprendre, mais
elle est devenue toute rouge.

Quand Marie devient toute rouge, c'est qu'elle va se mettre à pleurer ; ça n'a pas raté !

Jonathan s'est montré patient. Gentil. Il a expliqué :
– Tu comprends, cet avion est très fragile.

Tu as vu comme il est léger ?
Jonathan lui a même fait
un gros câlin.
– Je ne veux pas que tu pleures,
petite sœur !

Mais Marie n'a rien voulu savoir. Ses petits doigts s'agrippaient à l'avion, elle ne voulait pas le lâcher.
– Il est à moi !
C'est MON avion !
criait-elle.
Jonathan tirait d'un côté, et Marie tirait de l'autre, de toutes ses forces.

Crac ! Et elle se retrouva
avec une aile dans les mains.

– Tu es contente ?
lança Jonathan.
Furieux, il bouscula sa petite sœur qui tomba à la renverse.

– Maman ! Maman !
hurla Marie.

La maman de Jonathan
et de Marie, très inquiète,
accourut aussitôt avec Basile.

Basile avait l'air d'en vouloir à Jonathan !

En revanche, il manifesta beaucoup de tendresse pour Marie.

Alors, la maman de Jonathan
prit la petite dans ses bras,
la serra très fort contre elle
et la couvrit de baisers.
Avec un joli mouchoir,
elle sécha les larmes
qui roulaient sur les joues du bébé.
– Tu sais, Jonathan,
elle ne l'a pas fait exprès !
Elle ne voulait pas casser
ton avion ! Elle n'est pas encore
raisonnable comme toi,
mon chéri. Il ne faut pas
lui en vouloir. Tu es grand, toi !

Bears

Je vais recoller cette aile,
et ton avion sera tout neuf !
D'accord, mon poussin ?

Mais Jonathan ne l'entendait pas
de cette oreille. Fou de rage,
il tourna les talons
et sortit en claquant la porte.

Assis sur l'escalier qui donnait
sur la cour, il se mit à réfléchir.
A réfléchir longtemps...
Soudain, il eut une idée.
Et s'il s'en allait ?
S'il quittait la maison ?

Il vivrait dans une grotte enfouie
au fond des bois. Tous les matins,
il irait à la pêche,
et il attraperait plein de poissons !

Il cueillerait des mûres,
grimperait dans les arbres,
jouerait à l'explorateur...

Les jours de pluie, il recueillerait de l'eau qu'il boirait avec délices, quand il aurait soif.

Pour dormir, il se ferait
un oreiller de mousse,
et une couverture de feuilles.
Il aurait beaucoup d'amis :
tous les animaux du bois !
Même des renards et des loups.
Et même un ours !
Ils mangeraient tous ensemble,
dans la clairière, puis
ils regarderaient la lune
monter lentement dans le ciel
constellé d'étoiles.

Ce serait vraiment
très chouette !

– Jonathan, reviens !
Reviens vite ! appelleraient Papa
et Maman, fous d'inquiétude.
Mais Jonathan
ne reviendrait pas.

Basile partirait à sa recherche.
Il inspecterait les moindres recoins de la cour, ferait cent fois le tour de la maison.
Puis, penaud, il se coucherait, la tête entre les pattes, en poussant de petits cris plaintifs.
Mais Jonathan ne reviendrait pas.

« On signale la disparition de Jonathan, un adorable petit garçon de six ans... » annoncerait le présentateur, au journal télévisé du soir.

Toutes les radios parleraient
de l'affaire, tous les journaux,
tous les magazines. En gros titres,
et sur la première page.
Avec la photo de Jonathan.

Policiers et détectives viendraient du monde entier pour participer aux recherches.

Des chiens spécialement dressés renifleraient la couverture bleue de Jonathan.

Lorsqu'ils auraient repéré son odeur, ils le chercheraient de tous côtés en poussant des aboiements.

Enfin, l'un d'eux, le plus gros, découvrirait la caverne de Jonathan. Tous les autres accourraient, et ils aboieraient... Ils aboieraient... Comme pour le supplier de rentrer à la maison.

Mais Jonathan les renverrait.
– Je vais réfléchir...,
leur dirait-il.

Bien sûr, il consulterait ses amis.
Tous lui conseilleraient
de rester. Sauf l'ours,
son meilleur ami.
– Rentre à la maison,
Jonathan... Tes parents
et ta petite sœur t'attendent.
Je suis sûr qu'ils t'aiment
beaucoup,

sinon, ils ne se seraient pas
donné tout ce mal pour
te retrouver...

En souvenir, Jonathan lui
offrirait sa belle casquette rouge.

Puis il lui donnerait
un gros baiser.

Soudain, Jonathan s'aperçut
qu'il était toujours assis
sur l'escalier, Basile à ses pieds.
Derrière lui, Papa et Maman.
Une odeur délicieuse
venait de la cuisine.

Par la fenêtre, il aperçut Marie.
Assise sur sa chaise haute,
elle lui fit un joli sourire
et lui adressa
de grands signes joyeux.

– Viens, mon petit Jonathan,
lui dit sa maman en lui tendant
la main. J'ai préparé
de la glace au chocolat...

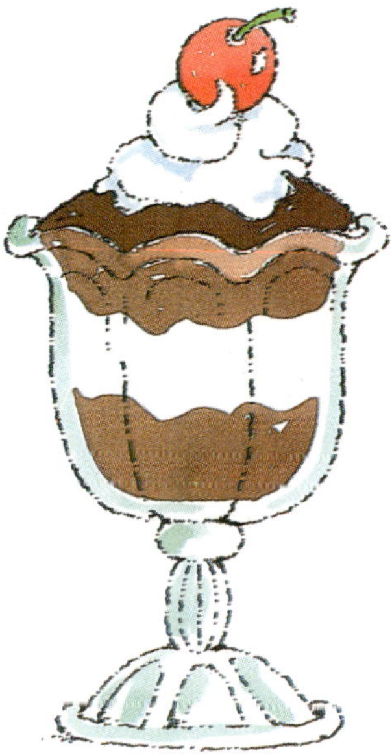

Alors, Jonathan
prit la main de sa maman.